AF233611

LOI 28 DE 1878

(18 MAI) *

QUI APPROUVE LE CONTRAT POUR L'OUVERTURE D'UN CANAL INTEROCÉANIQUE A TRAVERS LE TERRITOIRE COLOMBIEN

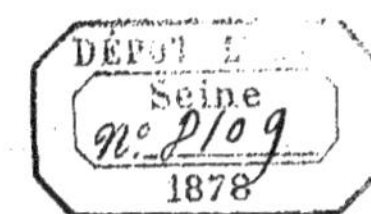

Vu le contrat ainsi conçu :

Contrat pour l'ouverture d'un Canal interocéanique à travers le territoire Colombien.

Eustorjio SALGAR, Ministre de l'Intérieur et des Relations Extérieures des États-Unis de Colombie, dûment autorisé, d'une part ;

Et, de l'autre,

Lucien N.-B. WYSE, chef de la Commission scientifique pour l'exploration de l'isthme en 1876, 1877 et 1878, membre et délégué du Comité de direction de la Société civile internationale du Canal interocéanique (présidée par le général Étienne Türr), en vertu des pouvoirs dressés à Paris du 27 au 29 octobre 1877, qu'il a exhibés en forme légale ;

(*) Pour la commodité du public, cette traduction est disposée de manière à faire saisir sans corrections, additions ou retranchements, la teneur définitive adoptée pour l'acte de concession du Canal interocéanique. En réalité, le document original reproduit d'abord le contrat tel qu'il a été signé, puis la loi du Congrès qui l'approuve en y introduisant d'office certaines modifications. L'acceptation de M. Lucien N.-B. WYSE, au nom du Comité de direction de la Société du Canal interocéanique, a rendu irrévocable le privilége ainsi concédé en forme solennelle.

Ont conclu le contrat suivant :

Article premier.

Le Gouvernement des États-Unis de Colombie adjuge à M. Lucien N.-B. WYSE, qui l'accepte au nom de la Société du Canal interocéanique représentée par son Comité de direction, le privilége exclusif pour l'excavation au travers de son territoire et pour l'exploitation d'un Canal maritime entre les océans Atlantique et Pacifique. Le dit Canal pourra être construit sans stipulations restrictives d'aucunes sortes.

Cette concession est faite sous les conditions suivantes :

1° La durée du privilége sera de quatre-vingt-dix-neuf années à compter du jour où le Canal sera ouvert en tout ou en partie au service public, ou quand les concessionnaires ou leurs représentants commenceront à percevoir les droits de transit et de navigation ;

2° Dès l'approbation par le Congrès Colombien du présent contrat pour l'ouverture d'un Canal interocéanique, le Gouvernement de la République ne pourra concéder à aucune Compagnie ou individu, à quelque titre que ce soit, le droit de construire un autre canal qui mette en communication les deux océans à travers le territoire colombien, ni l'exécuter par lui-même. Si les concessionnaires désirent construire un chemin de fer comme auxiliaire du Canal, le Gouvernement (sauf les droits existants) ne pourra concéder à aucune Compagnie ou individu le droit d'établir une autre voie ferrée interocéanique, ni la faire lui-même pendant le temps concédé pour la construction et l'usage du Canal ;

3° Les études définitives du terrain et le tracé de la ligne du Canal se feront aux frais des concessionnaires par une Commission internationale d'individus et d'ingénieurs compétents de laquelle feront partie deux ingénieurs colombiens. La Commission devra déterminer le tracé général du Canal, et adresser au Gouvernement Colombien, directement ou à ses agents diplomatiques aux États-Unis d'Amérique ou en Europe, les résultats obtenus au plus tard en l'année 1881, sauf les empêchements provenant de cas de force majeure dûment constatée. Le rapport y relatif comprendra le duplicata des travaux scientifiques exécutés et le devis de l'œuvre projetée ;

4° Les concessionnaires auront alors un délai de deux ans pour constituer une Compagnie anonyme universelle qui se charge de l'entreprise et de la construction du Canal. Le terme commencera à se compter depuis la fin du délai mentionné au paragraphe précédent ;

5° Le Canal devra être terminé et livré au service public en douze ans à partir de la date de la formation de la Compagnie anonyme universelle qui s'organisera pour le construire ; mais le Pouvoir exécutif est autorisé à octroyer une prorogation maximum de six autres années en cas de force majeure indépendante de la volonté de la Compagnie, et si, après la construction de plus du tiers du Canal, celle-ci reconnaissait l'impossibilité de compléter l'œuvre dans les susdites douze années ;

6° Le Canal aura la largeur, la profondeur et les conditions exigibles pour que les navires à voiles ou à vapeur ayant jusqu'à 140 mètres de long, 16 mètres de largeur maximum et 8 mètres de tirant d'eau puissent transiter avec leurs mâts de hune calés ;

7° Il est cédé gratuitement aux concessionnaires les terres domaniales nécessaires pour l'excavation du Canal, les escales, stations, embarcadères, garages, magasins, et en général pour tous les besoins de la construction et du service du Canal, ainsi que pour le chemin de fer s'il leur convient de l'établir. Les terrains retourneront au domaine de la République avec le Canal et la voie ferrée à l'expiration du privilége ;

8° Il est également concédé, pour le service du Canal, une bande de terre de deux cents mètres de large sur chacun de ses côtés et sur tout le parcours quel qu'il soit, mais les propriétaires riverains auront droit à un accès facile au Canal et à ses ports, de même qu'à l'usage des chemins que les concessionnaires pourront établir, et ceci sans payer aucun droit à la Compagnie ;

9° Si les terrains, par lesquels doit passer le Canal ou se construire le chemin de fer, sont en tout ou en partie propriété particulière, les concessionnaires auront droit à ce que l'expropriation se fasse par le Gouvernement avec toutes les formalités légales voulues. L'indemnisation à donner aux propriétaires, laquelle sera basée sur la valeur actuelle des terrains, est à la charge de la Compagnie. Les concessionnaires jouiront, en ce cas, et dans celui d'occupation temporaire, des propriétés privées, de toutes les facultés et priviléges que la loi attribue à la Nation.

10° Les concessionnaires pourront établir à leurs frais et exploiter les lignes télégraphiques qu'ils jugeront utiles comme auxiliaires de l'exécution et de l'administration du canal.

11° Il est cependant stipulé et convenu que si le Gouvernement Colombien recevait, avant le paiement du cautionnement déterminé par l'article deuxième, une proposition formelle et suffisamment garantie pour construire le Canal en moins de temps et avec des conditions plus avantageuses pour les États-Unis de Colombie, la dite proposition sera portée à la connaissance des concessionnaires ou de leurs représentants ; et si ceux-ci n'étaient pas à même de déclarer qu'ils sont prêts à se subroger à cette proposition, auquel cas ils seront préférés, le Gouvernement Colombien pourra l'accepter ; mais si les concessionnaires ne se subrogent pas, le Gouvernement Colombien exigera dans le nouveau contrat qu'il fera, en outre de la garantie déterminée par l'article deuxième, une somme d'un million cinq cent mille francs

en espèces métalliques, qui sera donnée comme indemnisation aux concessionnaires
actuels.

Art. 2.

Dans le délai de douze mois, comptés depuis la date à laquelle la Commission internationale aura présenté les résultats définitifs des études, les concessionnaires déposeront dans la Banque où Banques de Londres que désignera le
Pouvoir exécutif national, la somme de 750,000 francs en espèces, avec exclusion de
tout papier-monnaie, comme cautionnement pour l'exécution de l'œuvre. Les reçus
desdites banques feront foi de l'accomplissement dudit dépôt. Il demeure entendu
que si les concessionnaires venaient à perdre ce dépôt en vertu des dispositions des
causes 2me et 3me de l'article 22 du présent contrat, la somme en question deviendra,
avec ses intérêts, propriété intégrale du Gouvernement Colombien. A l'achèvement
du Canal, ladite somme, sans intérêts, lesquels en ce cas appartiendront aux concessionnaires, sera versée au Trésor pour les frais qu'il aura faits ou qu'il fera pour
la construction d'édifices pour les services publics.

Art. 3.

Si le tracé du Canal à construire d'un océan à l'autre passe à l'ouest et
nord de la ligne droite idéale qui joint le cap Tiburon à la pointe Garachiné,
les concessionnaires devront s'entendre à l'amiable avec la Compagnie du chemin
de fer de Panama, ou lui payer une indemnité qui s'établira dans les termes prévus
par la loi 46 du 16 août 1867, qui « approuve le contrat du 5 juillet 1867, réformant
celui du 15 avril 1850, sur la construction d'un chemin de fer d'un océan à l'autre par
l'isthme de Panama ».

Dans le cas que la Commission internationale choisisse l'Atrato ou un autre cours
d'eau déjà navigable pour l'une des extrémités du Canal, l'entrée et la sortie par
cette bouche et la navigation fluviale en amont, en tant qu'elle n'ait pas pour objet
de transiter par le Canal, sera ouverte au commerce et libre de toute imposition.

Art. 4.

En outre des terres concédées par les paragraphes 7 et 8 de l'article 1er,
il sera adjugé aux concessionnaires, comme aide pour l'exécution de l'œuvre,
cinq cent mille hectares de terres domaniales, avec les mines qu'elles peu-
vent contenir, dans les localités que la Compagnie choisira. Cette adjudication
sera faite directement par le Pouvoir exécutif national.

Les terres domaniales situées sur les côtes maritimes, sur les bords du Canal ou
des rivières, se diviseront en lots alternes entre le Gouvernement et la Compagnie
formant des surfaces de 1,000 à 2,000 hectares. La mesure cadastrale se fera aux frais
des concessionnaires et avec l'intervention de commissaires du Gouvernement. Les

terres domaniales ainsi concédées, avec les mines y contenues, seront adjugées aux concessionnaires au fur et à mesure de l'exécution des travaux de construction du Canal et d'accord avec les ordres édictés par le Pouvoir exécutif. Dans une zone de deux myriamètres de chaque côté du Canal, et durant cinq ans comptés depuis la fin des travaux, le Gouvernement ne pourra concéder d'autres terres au delà desdits lots jusqu'à ce que la Compagnie ait demandé la totalité de celles qui lui sont accordées par cet article.

Art. 5.

Le Gouvernement de la République déclare neutres en tous temps les ports de l'une et l'autre extrémité du Canal et les eaux de celui-ci de l'une à l'autre mer; et, en conséquence, en cas de guerre entre d'autres nations, le transit par le Canal ne sera pas interrompu par ce motif; les navires marchands et les individus de toutes les nations du monde pourront entrer dans lesdits ports sans être inquiétés ni détenus. En général, tout bâtiment pourra transiter librement sans aucune distinction, exclusion ou préférence de nationalités ou de personnes, moyennant le paiement des droits et l'observation des règlements établis par la Compagnie concessionnaire pour l'usage dudit Canal et de ses dépendances. Sont exceptés les troupes étrangères qui ne pourront passer sans la permission du Congrès, et les navires des nations en guerre avec les États-Unis de Colombie qui n'auraient pas acquis le droit de transiter en tous temps par des traités publics garantissant la souveraineté de la Colombie sur l'isthme de Panama et le territoire où se creusera le Canal, l'immunité et neutralité du même Canal, ses ports, baies, dépendances, ainsi que celles de la mer adjacente.

Art. 6.

Les États-Unis de Colombie se réservent le droit de passer par le Canal leurs navires de guerre, troupes et munitions de guerre en tout temps et sans rien payer. Le passage du Canal est rigoureusement interdit aux bâtiments de guerre des nations en guerre avec une ou plusieurs autres et qui, par traités publics passés avec le Gouvernement Colombien, n'auraient pas acquis le droit de transiter par le Canal en tous temps.

Art. 7.

Les concessionnaires auront droit, pendant tout le temps de la possession de leur privilége, à se servir des ports situés aux deux extrémités du Canal, ainsi que de ceux intermédiaires pour le mouillage, la réparation des navires, l'embarquement, le dépôt, le transbordement et le débarquement des marchandises. Les ports du Canal seront francs et libres pour le commerce de toutes les nations et on ne pourra imposer aucun droit d'importation, excepté sur les marchandises destinées à être introduites pour la consommation du restant de la République. Lesdits ports seront, en conséquence, ouverts à l'importation dès le commencement des travaux et il y sera établi les douanes et bureaux de surveillance que le Gouvernement jugera convenable pour percevoir les droits d'introduction des objets destinés à d'autres ports de la République et pour veiller à ce qu'il ne s'y fasse pas de contrebande.

Art. 8.

Le Pouvoir exécutif, pour sauvegarder les intérêts fiscaux de la République, édictera les règlements convenables pour empêcher la contrebande et il pourra désigner pour son compte le nombre d'hommes qu'il croira nécessaires à ce service. Des employés indispensables à cet effet, dix seront payés par la Compagnie et leur solde n'excédera pas celle payée à la douane de Barranquilla aux employés de la même catégorie.

La Compagnie transportera gratuitement, par le Canal ou par le chemin de fer auxiliaire, les hommes destinés au service de la nation, au service de l'État par le territoire duquel passeront le Canal et le chemin de fer ou au service de la police, dans le but de veiller à la sécurité extérieure ou à la conservation de l'ordre public; elle transportera aussi gratuitement les bagages de ces hommes, les munitions, armement et équipement nécessaires au service auquel ils seront affectés. Si la Compagnie n'avait pas de navires ou de remorqueurs, elle paiera le passage de ces mêmes hommes au travers de l'isthme avec leurs bagages, munitions, armement et équipement.

Le paiement des frais occasionnés par la subsistance de la force publique jugée nécessaire pour la sécurité du transit interocéanique sera également à la charge de la Compagnie.

Art. 9.

Les concessionnaires auront le droit d'introduire sans payer aucun droit d'importation ni autre, de quelque genre qu'il soit, tous les instruments, machines, outils, ustensiles, matériaux, vivres, vêtements pour les travailleurs dont ils auront besoin pendant tout le temps qui leur est accordé pour la construction et l'usage du Canal. Les navires portant du chargement destiné à cette entreprise pourront entrer librement par l'un quelconque des points qui donneront un accès facile à la ligne du Canal.

Art. 10.

Il ne sera imposé ni contributions nationales, ni municipales, ni d'État, ni d'aucune autre espèce sur le Canal, les navires qui le transitent, les remorqueurs et bateaux de servitude des concessionnaires, leurs magasins, ateliers, fabriques de quelque genre qu'elles soient, les dépôts, quais, machines et autres ouvrages ou objets, quelle que soit leur espèce, leur appartenant et nécessaires au service du Canal et de ses dépendances pendant le temps concédé pour sa construction et son exploitation. Les concessionnaires auront en outre le droit de prendre dans les terres domaniales les matériaux de tous genres dont ils auront besoin sans payer aucune indemnité.

Art. 11.

Les passagers, la monnaie, l'argent, les métaux précieux, les marchandises, les objets et effets de toutes espèces qui se transporteront par le Canal seront exempts de tous droits national, municipal, de transit et autres. La même exemption s'étend à tous les objets et marchandises laissées en dépôt aux conditions, à stipuler avec la Compagnie, dans les ports, magasins et escales lui appartenant pour le commerce intérieur et extérieur.

Art. 12.

Les navires qui voudront transiter par le Canal devront présenter dans le port, de l'extrémité où ils arriveront, leur patente respective de navigation et les autres papiers de mer prescrits par les traités publics pour qu'un navire puisse naviguer librement. Les navires qui n'auront pas lesdits papiers ou qui refuseront de les montrer pourront être détenus et on procédera contre eux conformément aux lois.

Art. 13.

Le Gouvernement permet l'immigration et le libre accès des terrains et chantiers des concessionnaires à tous les employés et ouvriers, quelle que soit leur nationalité, engagés pour cette entreprise ou qui viendront s'occuper d'eux-mêmes aux travaux du Canal, sous la condition que ces employés et ouvriers se soumettent aux lois en vigueur et aux règlements établis par la Compagnie. Le Gouvernement leur assure appui et protection et la jouissance de leurs droits et garanties, conformément à la constitution et aux lois nationales durant tout le temps qu'ils demeureront sur le territoire Colombien. Les manœuvres, ouvriers et travailleurs nationaux employés à l'œuvre du Canal seront exempts de toutes réquisitions et de service militaire, tant de la part de la Nation que des États.

Art. 14.

Pour indemniser les concessionnaires des frais de construction, d'entretien et d'exploitation qui sont à leur charge, ils auront le droit exclusif, pendant tout le temps du privilége, d'établir et de percevoir pour le passage dans le Canal et les ports en dépendant les droits de phare, d'ancrage, de transit, de navigation, de réparation, de pilotage, de remorquage, de halage, de dépôt et de stationnement, suivant les tarifs qu'ils établiront et qu'ils pourront modifier à toute époque sous les conditions expresses suivantes :

1° Percevoir ces droits sans aucune exception ni faveur sur tous les navires dans des conditions identiques ;

2° Publier les tarifs quatre mois avant de les mettre en vigueur dans le *Journal officiel* du Gouvernement, ainsi que dans les capitales et principaux ports de commerce des pays intéressés ;

3° Ne pas excéder pour la perception du droit principal de navigation le chiffre de dix francs par chaque mètre cube résultant de la multiplication des dimensions principales de la carène immergée du navire transitant (longueur, largeur et tirant d'eau) ;

4° Les dimensions principales du navire transitant, c'est-à-dire la longueur et la largeur maximum à la flottaison, ainsi que le plus grand tirant d'eau, seront les dimensions métriques inscrites sur les permis officiels de navigation, sauf les modifications survenues en cours de voyage. Les capitaines des navires et les agents de la Compagnie pourront exiger un nouveau mesurage qui sera fait aux frais de celui qui le demandera ;

5° La même mesure, c'est-à-dire le nombre de mètres cubes contenus dans le parallélipipède qui circonscrit la carène immergée du navire, servira de base pour la détermination des autres droits accessoires.

Art. 15.

Comme compensation des droits et priviléges octroyés aux concessionnaires par ce contrat, le Gouvernement de la République aura droit à une participation égale au cinq pour cent du produit brut de tout ce qui sera perçu par l'entreprise en vertu des droits établis ou qui s'établiront conformément à l'article quatorze, durant les vingt-cinq premières années de l'ouverture du Canal au service public. De la vingt-sixième année jusqu'à la cinquantième inclusivement, il aura droit à une participation de six pour cent ; de la cinquante-unième à la soixante-quinzième, sept pour cent, et de la soixante-seizième jusqu'à la fin du privilége, huit pour cent. Il est entendu que ces prélèvements se feront, comme il a été dit, sur le produit brut de toutes les recettes sans déduction d'aucune sorte ni pour frais, ni pour intérêts d'actions, d'emprunts ou de dettes qui grèvent l'entreprise. Le Gouvernement de la République aura le droit de nommer un commissaire ou agent qui intervienne dans la perception et examine ce compte ; la distribution ou paiement de la participation appartenant au Gouvernement se fera par semestres écoulés. Le produit du cinq, six, sept et huit pour cent se distribuera ainsi : quatre cinquièmes seront pour le Gouvernement de la République et le cinquième restant sera pour le Gouvernement de l'État par le territoire duquel passera le Canal.

La Compagnie concessionnaire garantit au Gouvernement Colombien que sa participation ne sera, dans aucun cas, inférieure à la somme annuelle de un million deux cent cinquante mille francs, qu'il perçoit déjà pour sa participation dans les produits du chemin de fer de Panama; de façon que si, une année quelconque, le prélèvement de cinq, six, sept ou huit pour cent n'atteignait pas cette somme, elle serait complétée sur les fonds communs de la Compagnie.

Art. 16.

Les concessionnaires sont autorisés à faire payer à l'avance les droits de toute nature qu'ils établiront. Les neuf dixièmes de ces droits seront exigibles en or et seulement la dixième partie restant pourra être payée en monnaies d'argent de 25 grammes à 900 millièmes de fin.

Art. 17.

Les navires qui commettront des infractions contre les règlements établis par la Compagnie seront sujets au paiement de l'amende qu'elle fixera dans ses statuts et dont le public sera avisé aux mêmes époques où l'on publiera les tarifs. S'ils refusaient de payer l'amende ou de donner des garanties suffisantes, ils pourront être détenus et on procédera contre eux conformément aux lois. On procédera de même pour les avaries qu'ils auront occasionnées.

Art. 18.

Si l'ouverture du Canal est jugée économiquement possible, les concessionnaires sont autorisés à former dans le temps convenu, sous l'immédiate protection du Gouvernement Colombien, une Compagnie anonyme universelle qui se charge de l'exécution de l'œuvre, en prenant à cet effet toutes les dispositions financières transitoires convenables. Cette entreprise ayant un caractère essentiellement international et économique, il est entendu qu'elle doit demeurer absolument étrangère à toute ingérence politique. La Compagnie prendra le nom de Compagnie Universelle du Canal Interocéanique ; son siége sera fixé à Bogota, New-York, Londres ou Paris, au choix des concessionnaires; des succursales pourront être établies où besoin sera ; les contrats, actions, obligations et tous autres titres ne pourront jamais être grevés par le Gouvernement Colombien d'aucuns droits d'enregistrement, d'émission, de timbre, ni autre impôt analogue sur la vente, la transmission des actions et obligations, non plus que sur les intérêts produits par ces valeurs.

Art. 19.

La Compagnie est autorisée à réserver jusqu'au dix pour cent des actions qu'elle émettra pour former un fonds d'actions bénéficiaires en faveur des fondateurs et auxiliaires de l'entreprise. La Compagnie prendra en premier lieu sur les produits bruts de quoi couvrir tous les frais de conservation, entretien, exploitation et administration, la participation due au Gouvernement, ainsi que toutes les sommes nécessaires pour assurer les intérêts et amortissement des obligations et, s'il y a lieu, les intérêts fixes des actions ; ce qui restera formera le bénéfice net, dont le quatre-vingts pour cent au moins sera distribué aux actionnaires.

Art. 20.

Le Gouvernement Colombien pourra nommer, chaque fois qu'il le jugera utile, un délégué spécial près du Conseil d'administration de la Compagnie concessionnaire. Ce délégué jouira des avantages qui seront accordés aux autres administrateurs par les statuts de la Compagnie.

Les concessionnaires s'obligent à nommer à Bogota, près du Gouvernement national, un agent dûment autorisé pour résoudre les difficultés et présenter les demandes auxquelles pourra donner lieu ce contrat. Réciproquement et dans le même but, le Gouvernement nommera un agent résidant à l'établissement principal de la Compagnie sur le Canal. Conformément à la constitution, les différends qui viendraient à s'élever entre les parties contractantes seront soumises à la Cour Suprême Fédérale.

Art. 21.

Les concessionnaires ou ceux qui, dans l'avenir, succéderont à leurs droits pourront les transmettre à d'autres capitalistes ou sociétés financières ; mais il leur est absolument interdit de les céder ou de les hypothéquer, à aucun titre, à aucune nation ou gouvernement étranger.

Art. 22.

Les concessionnaires ou leurs représentants perdront les droits qu'ils acquièrent dans les cas suivants :

1° S'ils ne déposent pas dans les délais stipulés la somme qui doit servir de cautionnement pour assurer l'exécution de l'œuvre ;

2° Si, dans la première des douze années concédées pour la construction du Canal, les travaux n'étaient pas commencés. Dans ce cas, la Compagnie perdra la somme déposée comme cautionnement avec les intérêts qu'elle aura produits, laquelle deviendra propriété de la République ;

3° Si, à la fin du dernier délai fixé par le paragraphe 5 de l'article 1er, le Canal n'était pas transitable. Dans ce cas aussi, la Compagnie perdra la somme déposée comme cautionnement, laquelle, avec les intérêts, deviendra propriété de la République ;

4° S'ils manquent aux prescriptions de l'article 21 ;

5° Si le service du Canal est interrompu pour plus de six mois, sauf les cas de force majeure.

Dans les cas 2, 3, 4 et 5, il appartiendra à la Cour Suprême Fédérale de décider si le privilége est ou non devenu caduc.

Art. 23.

Dans tous les cas de déclaration de caducité, les terres domaniales dont parlent les clauses 7 et 8 de l'article 1er et celles qui ne seraient pas habitées et colonisées, parmi celles concédées par l'article 4, retourneront au domaine de la République dans l'état où elles seront et sans indemnisation aucune, ainsi que les édifices, matériaux, travaux et améliorations appartenant aux concessionnaires dans le Canal et ses dépendances. Ceux-ci conserveront uniquement leurs capitaux, navires, approvisionnements et, en général, tous les objets meubles.

Art. 24.

Cinq années avant l'expiration des quatre-vingt-dix-neuf du privilége, le Pouvoir Exécutif national nommera une Commission chargée d'examiner l'état du Canal et de ses annexes et de rédiger, avec la connaissance de la Compagnie et de ses agents dans l'Isthme, un procès-verbal dans lequel on décrira, point par point, ledit état, en consignant les observations auxquelles il pourrait donner lieu. Cet acte ou procès-verbal servira pour établir dans quel état devront être remis au Gouvernement national le Canal et ses annexes le jour où expirera le privilége ici concédé.

Art. 25,

L'entreprise du Canal est réputée d'utilité publique.

Art. 26.

Ce contrat, qui vient remplacer les dispositions de la loi 33 du 26 mai 1876 et les clauses du contrat signé le 28 mai de la même année, sera, aux termes de la Constitution, soumis à l'approbation du Président de l'Union et à celle définitive du Congrès national, pour qu'il ressorte tous ses droits et effets.

En foi de quoi, nous signons le présent à Bogota, le 20 mars 1878.

Eustorjio SALGAR.   Lucien N.-B. WYSE.

Bogota, 23 mars 1878.

Approuvé :
Le Président de l'Union,
Aquileo PARRA.

Le Ministre de l'Intérieur et des Relations
Extérieures,
Eustorjio SALGAR.

Le Congrès des États-Unis de Colombie,

DÉCRÈTE :

ARTICLE UNIQUE. — Est approuvé le contrat précité.

Donnée à Bogota, le 17 mai 1878.

Le Président du Sénat des Plénipotentiaires,

RAMON GOMEZ.

*Le Président de la Chambre des
Représentants,*

BELISARIO ESPONDA.

*Le Secrétaire du Sénat des
Plénipotentiaires,*

JULIO E. PEREZ.

*Le Secrétaire de la Chambre des
Représentants,*

ENRIQUE GAONA.

Bogota, 18 mai 1878.

Que la présente loi soit publiée et exécutée.

Le Président de l'Union,

JULIAN TRUJILLO.

*Le Ministre de l'Intérieur et des Relations
Extérieures,*

FRANCISCO J. ZALDUA.

LÉGALISATIONS

CONSULAT DES ÉTATS-UNIS DE L'AMÉRIQUE DU NORD

Bogota, le 18 mai 1878.

Je certifie, par les présentes, que les signatures ci-dessus du général Julian Trujillo, Président des États-Unis de Colombie, et du docteur Francisco J. Zaldua, Secrétaire de l'Intérieur et des Relations Extérieures, sont leurs véritables et légitimes signatures, dont ils font usage dans leurs actes officiels.

Donné de notre main et avec le sceau du Consulat, les jour et an que dessus.

BENDIX KOPPEL,
Consul des États-Unis.

LÉGATION DE SA MAJESTÉ BRITANNIQUE

Je certifie, par les présentes, que les signatures ci-dessus apposées sont celles de LL. EE. M. le général Julian Trujillo, Président des États-Unis de Colombie, et de M. le docteur don Francisco J. Zaldua, Secrétaire de l'Intérieur et des Affaires Étrangères, et que pleine foi leur est due dans le présent acte.

Donné à Bogota, le 18 mai 1878.

CHARLES O'LEARY,
Chargé d'affaires de Sa Majesté Britannique.

Gratis.

LÉGATION DE L'EMPIRE D'ALLEMAGNE

Les signatures ci-dessus apposées de MM. Julian Trujillo et Francisco Zaldua, le premier actuellement Président des États-Unis de Colombie, le dernier Secrétaire d'État pour l'Intérieur et pour les Affaires Étrangères de cette République, sont par les présentes légalisées par autorité.

Au nom du Ministre résident impérial,

A. HARRASSOWITS,
Chancelier.

Bogota, le 5 juin 1878.

LÉGATION DE FRANCE

Nous, Chargé d'Affaires et Consul Général de la République Française aux États-Unis de Colombie, certifions que les signatures apposées ci-dessus sont véritablement celles de S. Exc. M. le général Julian Trujillo, Président de l'Union Colombienne, et de S. Exc. M. le docteur Francisco J. Zaldua, Secrétaire de l'Intérieur et des Relations Extérieures, et que foi doit y être ajoutée tant en jugement que hors.

Le Chargé d'Affaires et Consul Général de France,

C. TROPLONG.

Perçu douze francs.

Bogota, le 7 juin 1878.

Le Ministre des Affaires Étrangères certifie véritable la signature de M. Troplong.

PAR AUTORISATION DU MINISTRE :

Pour le Sous-Directeur chef de la Chancellerie,

E. CORPET.

Paris, le 19 août 1878.